AF296603

LES PETITS COMÉDIENS,

OPÉRA-COMIQUE

EN UN ACTE,

PAR MESSIEURS PANARD ET FAGAN.

A PARIS,

PAR LA COMPAGNIE DES LIBRAIRES.

M. D. C. C. LXI.

ACTEURS DU PROLOGUE.

JULIE.

LE CHEVALIER.

L'ÉPINE, Valet du Chevalier.

LA RANCUNE, Comédien.

PROLOGUE.

SCENE PREMIERE.

JULIE, LE CHEVALIER.

JULIE.

Hé bien Chevalier, nous tiendrez-vous parole ?

    A I R.   *Je ne suis né ni Roi, ni Prince.*

    Pour amuser la Compagnie,
    Aurons-nous cette Comédie,
    Dont vous parlez depuis long-tems ?

LE CHEVALIER.

    Assurez-vous, belle Julie,
    Que vos désirs feront contens,
    Si rien ne trompe mon envie.

J'y ai envoyé hier. L'Epine y est allé encore ce matin, je l'attends. Il y a deux lieux d'ici à Tours, il ne faut pas encore s'impatienter.

JULIE.

Je serois très-mortifiée que cela nous manquât. Vous sçavez que nous aurons ce soir une assemblée nombreuse, qui compte sur cette fête. Quelle piéce avez-vous demandé ?

LE CHEVALIER.

Iphigénie.

JULIE.

La Troupe eſt-elle bonne ?

LE CHEVALIER.

Comment ! ce ſont des Acteurs de réputation. Qui ne connoît le célébre la Rancune, l'incomparable Ragotin ? mais j'apperçois l'Epine, nous en allons ſçavoir des nouvelles.

SCENE II.

LE CHEVALIER, JULIE, L'EPINE.

LE CHEVALIER.

Les Comédiens ſont-ils en chemin ?

L'EPINE.

Oui.

JULIE.

Les aurons-nous bientôt ?

L'EPINE.

Non.

JULIE.

Air.　*Et pourquoi donc ? Comment cela ?*
Quel eſt donc ce langage ?

L'EPINE.

Je parle juſte.

LE CHEVALIER.

Hé bien ?

L'EPINE.

Ils ont fait un voyage,
Qui n'aboutit à rien.

LE CHEVALIER & JULIE.

Ho, ho, ha, ha,
Et pourquoi donc, comment cela ?

L'EPINE.

AIR. *Ah, ah, ah, je ris de bon cœur.*

N'en accufez que le malheur ;
Je viens d'être le Spectateur
D'un avanture fort tragique,
Qu'à fouffert la Troupe comique.

AIR. *Sans deffus deffous, fans devant derriere.*

Ici près je viens de les voir,   *bis.*
Barboter dans un abrévoir.   *bis.*
La charrette étoit dans l'orniere,
Sans deffus deffous, fans devant derriere,
Acteurs, Actrices étoient tous,
Sans devant derriere, fans deffus deffous.

LE CHEVALIER.

Que nous dis-tu là ?

JULIE.

Comment cela eft-il arrivé ?

L'EPINE.

Voici l'illuftre la Rancune qui vous en fera le récit.

SCENE III.

LA RANCUNE, *& les Acteurs de la Scène précédente.*

LA RANCUNE, *un bras en écharpe, & un emplâtre fur la joue.*

Jamais nous ne goûtons de parfaite allégreffe,
Nos plus heureux fuccès font mêlés de trifteffe.
Madame, je comptois que ma Troupe aujour-
d'hui
De cet heureux féjour viendroit chaffer l'ennui ;
Chacun s'étoit flatté de la douce efpérance,

D'étaler à vos yeux son art & sa science.
Mais un malheur subit a trahi nos désirs,
Renversé notre espoir, & détruit vos plaisirs.
Nous avions presque fait les trois quarts du voyage,
Et nous voiyons déja les Clochers du Village,
Quand un maudit Chasseur, que le Ciel en cour-
      roux,
Pour punir nos forfaits, fit aprocher de nous,
Vit un Oiseau perché sur la branche d'un hêtre;
Sa main, dans le moment, mit l'amorce au sal-
      pêtre,
Il aproche, il ajuste, & d'un coup éffrayant,
Fait voler dans les airs le métail foudroyant;
La terre s'en émeut, les antres en frémissent,
De nos Coursiers fringans tous les crins se hérissent,
La terreur les saisit, & de colere ardens,
Soudain nous les voyons prendre le mors aux dents;
Du guide consterné la voix foible & tremblante,
Tâche en vain d'apaiser leur fougue violente,
La voiture entraînée au gré de leur fureur,
Va donner contre un roc d'une énorme grosseur,
L'essieu crie & se rompt, ô spectacle terrible,
Capable d'attendrir l'ame la moins sensible !
Dans un marais bourbeux Ragotin renversé,
Et dans ses brodequins lui-même embarrassé,
Après avoir long-tems dans un confus mêlange,
De livres, de paquets, de poussiere & de fange,
Luté contre la mort, la fortune & les Dieux,
Reste à la fin sans force & périt à nos yeux.
J'ai vu Seigneur, j'ai vu les ronces dégoutantes,
Porter de ce Héros les dépouilles sanglantes,
Comme lui maint Acteur dans son sang est baigné;
Et c'est moi que le sort a le plus épargné.

JULIE.

  Monsieur, en vérité, je plains votre situation ;
Mais il nous faut la piéce promise.

LE CHEVALIER.

  Oui, dûssiez-vous tous mourir sur la scene.

PROLOGUE.

AIR. *Mr. Lapaliſſe.*

Vous la jouerez.

LA RANCUNE.

Hé , comment

Satisfaire votre envie ?

Peut-être dans ce moment

L'on trépanne Iphigénie.

Si vous voyiez dans quel état eſt Agamemnon.

AIR. *Dans un amoureux myſtere.*

Pouvons-nous ſur le Théatre

Mettre un Roi tout fraçaſſé ?

Achile porte un emplâtre,

Ulyſſe a le bras caſſé,

De notre orqueſtre

Un inſtrument s'eſt briſé

Sur Clitemneſtre.

LE CHEVALIER.

Trouvez-nous donc quelque expédient pour nous
irer d'affaire. Je ſuis engagé d'honneur pour cette
piéce ?

JULIE.

N'y auroit-il pas un moyen de nous en dédom-
nager.

LA RANCUNE.

Ma foi, je n'en ſçais point ; à moins que . . . . .
nais non.

JULIE.

Expliquez-vous.

LE CHEVALIER.

Que voulez-vous dire ?

LA RANCUNE.

Que nous avons une eſpece de reſſource, mais ſi
oible , ſi légére , que je n'oſe preſque pas vous la
ropoſer.

LE CHEVALIER.

Quelle eſt telle ?

JULIE.

Voyons.

PROLOGUE.

LA RANCUNE.

C'eſt une petite Troupe compoſée de ma fa-
mille.

LE CHEVALIER.

Hé bien ?

LA RANCUNE.

Elle nous ſuit dans une voiture ſéparée ; je crois
qu'elle ne tardera pas d'arriver.

JULIE.

Penſez-vous qu'elle puiſſe nous amuſer ?

LA RANCUNE.

Je n'oſe me flatter de cet avantage ; mais ce que
je puis vous aſſurer, c'eſt que ces Comédiens-là
n'ont pas encore été ſifflés ; ce ſont des Acteurs
tout neufs, dont le Doyen n'a pas encore quatorze
ans.

> AIR. *Quand je tiens de ce jus d'Octobre.*
> Si de cette Troupe novice
> Vous voulez bien vous contenter,
> Ils entreront bientôt en lice,
> Et je vais vous la préſenter.

JULIE.

Que ditez-vous, Chevalier ?

LE CHEVALIER.

Puiſque nous ne pouvons avoir mieux, il faut les
voir.

LA RANCUNE.

Je vais les chercher.

JULIE.

Repréſenteront-ils la piéce que vous nous aviez
promiſe ?

LA RANCUNE.

Non, Madame. Comme ils n'ont pas encore la
voix aſſez forte pour le pathétique, ils vous donne-
ront une petite Comédie intitulée : la Niéce vengée,
ou la double ſurpriſe.

LE CHEVALIER.

Nous les allons attendre dans cette Salle.

LA

PROLOGUE.

LA RANCUNE, *au Parterre.*

Meffieurs, je me flatte que vous voudrez bien avoir quelque indulgence pour de jeunes éleves, qui ne rifquent cet effai, que dans la confiance que vous leur ferez favorable ; perfuadés que s'ils ont quelques petits fuccès, ils ne peuvent les devoir qu'à vos bontés.

AIR. *Menuet de Mr. Grandval.*

S'ils n'ont pas l'honneur de vous plaire,
Epargnez-les ; c'eft moi Meffieurs,
Qui doit porter votre colere,
J'ai fait la piéce & les Acteurs.

Fin du Prologue.

ACTEURS DE LA PIECE.

ORONTE, Frere de Madame Argante.

ARGANTE, Tante de Lisette.

LISETTE, Amante de Clitandre.

CLITANDRE, Amant de Lisette.

CRISPIN, Valet de Clitandre.

UN NOTAIRE.

La Scene est chez Madame Argante.

LES PETITS

COMÉDIENS,

OPÉRA-COMIQUE.

SCENE PREMIERE.

CLITANDRE, *seul.*

QU'UN Amant est à plaindre, quand il ne peut voir ce qu'il aime.

    AIR. *Dirai-je mon Confiteor.*

Le charmant objet de mes vœux
Est sous la garde d'une Tante,
Qui l'obséde & suit en tous lieux ;
Hélas ! quelque effort que je tente,
Mille obstacles m'ôtent l'espoir
De lui parler & de la voir.

Encore si j'avois le secours de Crispin : mais le maraud m'a quitté depuis quatre jours, sans me rien dire, je ne sçais ce qu'il est devenu ; dans cette extrémité je ne puis recourir qu'à l'amour....

Air. *Flambeau des Cieux.*

Va, Dieu charmant,
De la part d'un berger fidelle,
Trouver Lisette en ce moment;
Amour, c'est elle
Dont la douceur
T'a de mon cœur
Rendu vainqueur.
Non je ne puis
Lui découvrir l'état où je suis;
Va l'informer de mes ennuis,
Puissant Dieu, lance tes traits,
Fais que la belle désormais
Me soulage,
Et partage
Les maux que ses yeux m'ont faits.

SCENE II.

CRISPIN, CLITANDRE.

CLITANDRE, *à part.*

Ciel! que vois-je! Crispin? c'est lui-même, il me
paroît bien intrigué.

Air. *Talalerire.*

Ah! te voilà donc, double traître?
Quand j'ai le plus besoin de toi,
Peux-tu quitter ainsi ton maître?
Aproche, parle, réponds-moi;
Pour t'excuser que peux-tu dire?

CRISPIN, *se promenant.*

Talaleri, talaleri, talalerire.

CLITANDRE.

C'en est trop, il faut que dans le sang d'un perfide....

CRISPIN, *gravement.*

Tout beau, épargnez votre bienfaiteur.

AIR. *Allons gay.*

Sçachez qu'avec adreſſe
J'ai ſervi votre amour ;
Allons, plus de triſteſſe ;
Reprenez en ce jour
Un air gay, toujours gay....

CLITANDRE.

D'où viens-tu ?

CRISPIN.

De là.

CLITANDRE.

Où as-tu été ?

CRISPIN.

Dans cette maiſon.

CLITANDRE.

Qu'as-tu fait ?

CRISPIN.

Votre cour.

CLITANDRE.

Qu'as-tu dit ?

CRISPIN.

Des menteries. Par exemple, j'ai aſſuré votre
maîtreſſe.

AIR. *Que j'eſtime mon cher voiſin.*

Que rien n'éteindra le déſir
Qui regne dans votre ame ;
Que l'on verra plutôt finir
Vos jours que votre flamme.

CLITANDRE.

Tes plaiſanteries me font mourir.

CRISPIN.

Je vais vous faire revivre. Ecoutez : en rodant
autour de cette maiſon, pour tâcher de faire quelque découverte favorable à notre amour, j'ai apris
que Madame Argante, Tante de la jeune Liſette,
avoit beſoin d'un Domeſtique affidé : je me préſen-
te, je parle, je plais ; on me reçoit ſi bien, que
je ſuis aujourd'hui le Factotum du logis, & le con-
fident de la maîtreſſe.

CLITANDRE.

AIR. *Boir à son Tiretireli.*

Vois-tu, pour mon bonheur,
Quelque ombre d'aparence ?

CRISPIN.

L'objet de votre ardeur
M'en donne l'espérance ;
    Votre air flatteur,
    Doux, enchanteur,
    Lui tient au cœur.

CLITANDRE.

Quoi ! il seroit possible que ne l'ayant vue qu'une fois, & sans lui parler . . . .

CRISPIN.

L'amour fait des progrès rapides dans le cœur d'une Agnés ; je vous garantis celle-ci dans nos filets.

CLITANDRE.

Que je t'embrasse, mon cher Crispin.

CRISPIN, *fierement.*

Non, non, je suis un maraud, un double traître.

CLITANDRE.

Quand je pense que je posséderai la charmante Lisette . . . .

CRISPIN.

Il y a encore du chemin à faire ; la Tante n'est pas aisée sur le Chapitre de sa niéce ; mais nous en viendrons à bout ; reposez-vous sur cette tête-là.

AIR. *C'est ma devise.*

Pour bloquer, combattre, assiéger,
    Je suis un maître ;
Ma valeur dans plus d'un danger
    S'est fait connoître ;
Sçachez que j'ai toujours fini
    Une entreprise,
Et que *veni, vidi, vici,*
    C'est ma devise.

Ce qui augmente beaucoup mes espérances, c'est

1e Madame Argante a pour frere Monsieur Oron-
, qui eſt fort dans les intérêts de ſa niéce ; ils ont
uvent des petits démêlés à ſon ſujet. Tenez les voi-
qui ſont aux priſes, retirons-nous.

SCENE III.

ARGANTE, ORONTE.

AIR. *Morguienne de vous.*

Morguienne de vous,
Quel homme, quel homme,
Morguienne de vous,
Quel homme êtes-vous ?
Morguienne de vous,
Quelle femme, quelle femme,
Morguienne de vous,
Quelle femme, êtes-vous ?

ORONTE.

On ne peut vous dire une parole.

ARGANTE.

En voilà déja plus de ſix que vous dites inutile-
ent.

AIR. *La ſombre dondaine.*

Vous perdrez votre peine,
La ſon, la ſon, la ſombre dondaine,
Vous perdrez votre peine,
Le beau donneur d'avis,
Patati,
Patapon,
Le joli, le mignon.

ORONTE.

Ma ſœur.

ARGANTE.

Hé bien, mon frere ?

ORONTE.

Entendez raiſon une fois dans la vie ; comment

voulez-vous pourvoir votre Niéce, si vous la tenez
toujours renfermée ?

ARGANTE.

Ce sont mes affaires.

ORONTE.

Vous croyez qu'elle en sera plus sage, erreur.

AIR. *Pan, pan, pan, la poudre prend.*

Souvent trop de captivité
Nuit plus qu'un peu de liberté ;
Dès qu'un Amant s'offre à la vue
D'une fille trop retenue,
  Pan, pan, pan,
  Son cœur se prend ;
La belle est en feu dans l'instant.

ARGANTE.

Belle maxime ! allez, vous ne sçavez ce que vous
dites.

ORONTE.

Est-il possible qu'une femme de votre âge... ?

ARGANTE.

Une femme de mon âge, oh ! je l'avoue.

AIR. *Le bois de Bologne.*

Je ne suis plus dans mon printems ;
Pour vous, dans l'éclat de vos ans
Vous êtes si jeune, je pense,
Que vous êtes presque en enfance.

ORONTE.

AIR. *Comment donc ? sur quel ton ?*

Puisqu'aujourd'hui vous traitez de chanson
Ce qui devroit vous servir de leçon,
Pour vous ranger enfin à la raison,
Dès le moment je vais tout entreprendre.

ARGANTE.

Comment donc ! sur quel ton ose-t-on ?

ORONTE.

C'est le ton, c'est le ton qu'il faut prendre.

ARGANTE.

Je m'embarrasse fort peu de vos menaces ; ma
Niéce sera pourvue quand il me plaira.

ORONTE.

ORONTE.

Quand il vous plaira ?

ARGANTE.

Oui.

ORONTE.

AIR. *Ah, ah, ah! voyez donc comme il y viendra:*
Et moi je gage,
Qu'avant le jour fini,
De votre Niéce un bon mari,
Malgré vous fera le partage.

ARGANTE.

Ha, ha, ha! voyez donc comme il viendra;
Tata ton, falira, lonfa.

ORONTE, *en s'en allant.*

La vieille folle.

ARGANTE.

Le vieux radoteur.

SCENE IV.

ARGANTE, CRISPIN.

ARGANTE.

CRispin !

CRISPIN.

Madame.

ARGANTE.

Il faut me donner aujourd'hui des preuves de
ta fidélité.

CRISPIN.

AIR. *Des fraises.*
Pour mon devoir, mon amour
Me rend prêt à tout faire ;
Faut-il agir nuit & jour,
Et se mettre en quatre pour
Vous plaire, vous plaire, vous plaire.

ARGANTE.

Ecoutez, mon bourru de beau-frere s'est mis en

C

tête de marier ma Niéce ; il faut qu'il en ait le dé-
menti.

Air. *De notre cabane.*
Redouble ta peine,
Crispin mon ami,
Et ne souffre point ici
De figure humaine,
Ni d'Amant transi.   *bis.*

CRISPIN.

Je voudrois bien que quelqu'un vînt s'y frotter, il
verroit beau jeu, ma foi ; je lui couperois net les
deux oreilles, & je les mettrois dans ma poche.

ARGANTE.

Va dire à Lisette, que je veux lui parler....

SECNE V.

ARGANTE, *seule.*

IL faut avouer que j'ai là un bon Domestique ;
dès que je l'ai vu, j'ai senti qu'il seroit mon fait.

SCENE VI.

ARGANTE, LISETTE.

LISETTE.

MA chere Tante, Crispin vient de me dire que
vous me demandez ; que souhaitez-vous de
moi ?

ARGANTE.

Air. *Pour la Baronne.*
Votre présence
Me fait plaisir en ce moment,
Venez, vous oubliez je pense,
Ce que l'on doit faire en entrant,
La révérence.
Retournez, s'il vous plaît.

AIR. *Blaise revenant des champs.*

Quittez cet air indolent
Tout dandinant. *bis.*
Je n'ai jamais vu d'enfant
Si fot & fi bête,
Levez donc la tête.

AIR. *Le trot, le trot, le trot.*

Je ne fçais pas pourquoi
Vous avez cette allure,
Tenez, regardez-moi,
Voilà votre figure.

Il faut aller de cette façon-là, de cette façon-là,
le menton bas, non pas comme cela. Qu'on a de
peine avec les enfans !

AIR. *Comme voilà qui eft fait.*

Çà, préfentez-moi votre ouvrage,
Cette fleur eft tout de travers,
Vous avez manqué ce feuillage,
Ce brun-là devroit être clair.
Faut-il que je vous le répéte ?
Vous avez l'efprit bien diftrait,
Hé ! qu'eft-ce que ceci fillette ?
Regardez un peu ce bouquet,
Comme voilà qui eft fait. *bis.*

LISETTE.

Celui-là eft-il bien, ma chere Tante ?

ARGANTE.

Pas mal. Si vous vouliez vous appliquer, vous
profiteriez ; mais vous ne penfez qu'à jouer. Ha !
que vous ne me reffemblez guere.

AIR. *Que je regrette mon Amant.*

Je m'occupois inceffamment,
Quand j'étois à l'âge où vous êtes,
Et j'en faifois dans un moment,
Plus qu'en deux heures vous n'en faites ;
Je travaillois fi joliment,
Que l'on m'en faifoit compliment ;
Je tricotois,
Je filois ;

Je coufois,
Je brodois
Si joliment,
Que l'on m'en faifoit compliment.

LISETTE.

Ma chere Tante.

A I R.   *Je ferai mon devoir.*
Je vous promets à l'avenir,
De vous mieux obéir ;   *bis.*
Et que du matin jufqu'au foir,
Je ferai mon devoir.   *bis.*

ARGANTE.

Songez que vous n'êtes plus un enfant. Hélas ! ce
que je lifois l'autre jour eft bien véritable.

A I R.   *Ne vous laiffez jamais charmer.*
C'eft lorfqu'on devroit avancer
Que l'on recule davantage,
Fille qui commence à penfer,
Ne fonge guére à fon ouvrage.
Voyons votre écriture.

LISETTE.

La voici.

ARGANTE.

A I R.   *Petite Brunette il ne faut pas.*
Grands Dieux ! que veut dire cela ?   *bis.*
Vous plairoit-il de me l'apprendre ?
Clitandre, Clitandre, voilà
Toute une page de Clitandre.

LISETTE.

Dame, je ne fçais pas ; c'eft un nom qui m'eft
venu dans la tête.

ARGANTE, *bas.*

N'y auroit-il point quelque chofe là-deffous ? Il
faut que je la queftionne un peu....

LISETTE.

Ma chere Tante !

ARGANTE.

Quelqu'un ne vous a-t-il jamais parlé d'amour ?

LISETTE.

D'amour ! qu'est-ce que c'est que cela?

ARGANTE.

Ce que vous devez éviter avec soin.

LISETTE.

Ayez donc la bonté de me dire ce que c'est que l'amour.

AIR. *Que faites-vous Marguerine.*

Il faut que j'en fois inftruite.

ARGANTE.

Pourquoi?

LISETTE.

Comment, s'il vous plaît,
Voulez-vous que je l'évite,
Si j'ignore ce que c'est ?

ARGANTE.

Elle m'embarraffe.... L'Amour eft un enfant.

LISETTE.

Un enfant.

AIR. *Va-t-en voir s'ils viennent Jean.*

De le fuir foigneufement
Eft-il néceffaire ?
Si l'Amour eft un enfant,
Quel mal peut-il faire ?   *bis.*

ARGANTE.

Le Ciel vous préferve de l'éprouver ; c'eft un enfant plus à craindre qu'un géant.

AIR. *Hay, hay, hay, Jeannette.*

Par un difcours cajoleur
Il amorce une fillette ;
Mais, fi-tôt que du voleur
On écoute la fleurette,
Hay, hay, hay,
Hay, hay, hay, Jeannette,
Jeannette, hay, hay, hay.

Quand une fille s'éloigne de fa mere, ou une Niéce de fa Tante.

AIR. *Si c'eft par nature.*

Il la fuit à pas de loup ;   *bis.*

Dès qu'il peut faire son coup,
Crac, le petit drôle,
La filoute, lui prend tout,
Et puis zeste il s'envole.

LISETTE.

Que faut-il faire pour s'en garantir, ma chere Tante ?

ARGANTE.

Je vais vous le dire. Comme il prend souvent la figure d'un Cavalier, il faut vous tenir en garde contre les discours des hommes ; par exemple, si quelque garçon vous aborde civilement, & vous dit : mon petit cœur, ma Reine, écoutez-moi ; à tout ce qu'il vous dira répondez non, toujours non.

LISETTE.

Cela suffit, je vous obéirai.

SCENE VII.

LISETTE , CRISPIN , ARGANTE.

CRISPIN.

Madame, un de vos fermiers vous demande.

ARGANTE.

Je vais lui parler. Ma Niéce , que je trouve à mon retour votre ouvrage plus avancé.

LISETTE.

Oui, ma chere Tante.

CRISPIN , *bas.*

J'y aurai l'œil , Madame. Profitons de l'occasion, & tâchons d'introduire mon maître.

SCENE VIII.

LISETTE, *seule.*

AIR. *Ha ! c'est un certain je ne sçais quoi.*

Quel changement s'est fait en **moi**,
   Lorsque j'ai vu Clitandre,
Non, non, je n'y puis rien comprendre,
Mais c'est lui-même que je voi,
Je sens un certain je ne sçais qu'est-ce,
Je sens un certain je ne sçais quoi.

Ma Tante a beau dire, je ne puis croire que ce soit un voleur, & quand je pense qu'il faut dire non, cela me fâche.

SCENE IX.

LISETTE, CLITANDRE.

CLITANDRE.

Belle Lisette, il m'est donc permis de vous voir, en êtes-vous aussi charmé que moi ?

LISETTE.

Non.

CLITANDRE.

Qu'entends-je ! est-ce là le bonheur dont Crispin m'a flatté ? parlez-moi ma Reine, ne craignez point de m'ouvrir votre cœur.

AIR. *Quand je vous donnai, &c.*
   Aprouvez-vous les sentimens
   D'une amoureuse flamme ?

LISETTE.

Non.

CLITANDRE.

Le plus fidéle des Amans

A-t-il touché votre ame ?
LISETTE.

Non.

CLITANDRE.

Quoi ! pour le prix de tant d'amour ;
Je n'ai pas le moindre retour !
LISETTE.

Non.

CLITANDRE.

Voilà des réponses bien laconiques. Monsieur
Crispin, vous me le payerez. Voyons encore.

AIR. *Pourquoi n'avoir pas le cœur tendre.*
Vous condamnez donc ma tendresse ;
LISETTE.

Non.

CLITANDRE.

Et vous refuseriez mon cœur.
LISETTE.

Non.

CLITANDRE.

Vous voulez que mon ardeur cesse !
LISETTE.

Non, non, non.
CLITANDRE.

Dieux ! quel est mon bonheur !
Je ne puis retenir mes transports.
AIR. *Quand le péril est agréable.*
Pardonnez-les, je vous supplie,
Tant d'attraits doivent m'excuser.

SCENE X

LISETTE , CLITANDRE , ARGANTE.

ARGANTE , *lui donnant sa main.*
S'il vous faut des mains à baiser ,
   Contentez votre envie.
Ah ! ah ! je vous y trouve , retirez-vous , Ma-
               demoiselle ;

demoiselle , nous verrons fi vous m'avez obéi , &
vous :

AIR. *Pata , pata , pan.*
Je vous confeille , beau galand,
D'aller chercher un autre gîte ;
Ce bâton-là dur & péfant ,
Si vous ne fortez au plus vîte ,
Pata , pata , pan , patapan , pan , pan ,
Sur vous tombera dans l'inftant.

SCENE XI.

ARGANTE , CRISPIN.

CRISPIN.

AIR. *Je fuis un bon foldat.*

QU'eft-ce que j'entends-là ?
Tita , ta ,
Qui vous met en colere,
Madame , le maraud ,
Tôt , tôt , tôt ,
Va mordre là pouffiere.
Ah , ventre ! ah , tête ! ah , mort !
AIR. *Les Trembleurs.*
Dans la fureur qui m'anime ,
Il faut que mon bras l'oprime ,
Et faffe , en lavant fon crime ,
Un exemple à l'Univers ;
C'eft en vain que par la fuite ,
Il veut tromper ma pourfuite ,
La colere qui m'agite ,
Le fuivra jufqu'aux Enfers.
Pardonnez , Madame , je ne vous voyois pas ,
dans ma fureur je ne connois perfonne.

ARGANTE.

Ce garçon-là eft un tréfor. Mon cher Crifpin , je
fuis contente de ton zèle , je vais parler à ma Niè-

D

ce, pour découvrir le myſtere de cette avanture ;
tiens-toi ici.

SCENE XII.

CRISPIN, CLITANDRE.

CRISPIN, *apellant ſon Maître.*

St, ſt, Monſieur.

CLITANDRE.

Ah! Criſpin, quel eſt mon trouble, & que vais-
je devenir ?

CRISPIN.

Il eſt bien queſtion de faire ici le langoureux.

Air. *Quand je tiens de ce jus d'Octobre.*

De ces pleurs, de cette triſteſſe,
Croyez-moi, ſuſpendez le cours,
Un Amant qui ſe plaint ſans ceſſe,
Mérite de languir toujours.

Il s'agit de voir quelles meſures nous prendrons.

CLITANDRE.

C'eſt en toi ſeul qu'eſt mon eſpérance, mon cher
Criſpin.

CRISPIN.

Paix, paix.... Oui.... C'eſt cela.... Point
du tout.... Attendez.... *Vivat....* Je le tiens.

Air. *Laire la, laire lan la.*

Je viens d'imaginer un tour,
Monſieur, avant la fin du jour,
Vous verrez ce que je ſçais faire,
Laire, &c.

J'ai lu dans les yeux de Madame Argante, qu'elle
n'eſt pas inſenſible, & ſans vanité nous avons du mérite, j'en tire un bon augure pour mon projet ; vous
avez la clef de ma chambre, allez y juſqu'à nouvel
ordre, je vais penſer au moyen de vous rendre heureux.

SCENE XIII.

ARGANTE, LISETTE.

ARGANTE.

CE que vous me dites eſt-il bien vrai ?
LISETTE.
AIR. *Les filles de Nanterre.*
> C'eſt la vérité pure,
> A chaque queſtion,
> Ma Tante, je vous jure,
> Que j'ai répondu non.

ARGANTE.
Ne me mentez pas , au moins voilà un petit doigt qui me dit tout.
LISETTE.
Eh bien , il a dû vous dire que je vous ai obéi·
ARGANTE.
Cependant ce Monſieur vous a pris la main & vous l'avez ſouffert.
LISETTE.
AIR. *La Serrure.*
> Tremblante , confuſe , étonnée,
> Dans le trouble extrême où j'étois,
> Mes forces m'ont abandonnée ,
> Je voulois fuir & ne pouvois.

ARGANTE.
Dites-moi un peu, comment ce Monſieur eſt-il entré au logis ? qu'eſt-ce qu'il demandoit ?
LISETTE.
Il demandoit mon Oncle.
ARGANTE.
Votre Oncle ? voilà ce que je voulois ſçavoir , al-lez étudier vos leçons, & ſur les yeux de votre tête , que je n'entende point parler de vous.

SCENE XIV.

ARGANTE, *seule.*

C'Eſt mon benêt de frere qui m'a joué ce tour-là, Hom, j'ai bien envie de faire une choſe pour le déconcerter : je ſçais bien que je ſerai contrôlée ; mais on voit des femmes, plus âgées que moi, faire des folies.

SCENE XV.

ARGANTE, CRISPIN.

ARGANTE.

AH, te voilà ! je t'allois appeller pour te faire une confidence. Je veux me remarier.

CRISPIN.

Parbleu ! j'en ſuis charmé, mais je crois avoir laiſſé la porte ouverte, on peut nous entendre, permette que je voye.... *bas.* tout favoriſe mon deſſein, dreſſons nos batteries.

ARGANTE, *ramaſſant la lettre.*

Ha, ha ! qu'eſt-ce que cela ? *Elle lit.* « Je te don-
» ne avis, mon cher Chevalier, que ton affaire va
» bien, les parens du Comte, qu'on croyoit aux
» pays étrangers, ſont diſpoſés à un accommode-
» ment ; ainſi j'eſpére que tu ne joueras pas long-
» tems le rôle de Criſpin, & que dès que tu aura
» payé vingt mille franc, dont on ſe contente, tu
» redeviendras le Chevalier de Plumoyſon ; c'eſt
» ce que déſire de tout ſon cœur ton ami,

LE MARQUIS DE BELLECOURT.

C'eſt à Criſpin que cela s'adreſſe. Ciel ! quelle agréable ſurpriſe ! je me ſuis toujours doutée qu'il étoit tout autre que ce qu'il paroiſſoit.

AIR. *Ah! vraiment, je m'y connois bien.*

Non, non, je ne m'y trompe guére,
Ce n'eſt pas un homme ordinaire,
Je l'ai vu par ſon entretien,
Ah! vraiment, je m'y connois bien.

SCENE XVI.

CRISPIN, ARGANTE.

CRISPIN.

MAdame, vous pouvez à préſent me confier....

ARGANTE.

Vous le méritez bien ma foi, vous qui vous cachez
de votre maîtreſſe?

CRISPIN.

Moi, Madame?

ARGANTE.

Venez, venez, que l'on vous parle.

CRISPIN.

AIR: *Non, non, il n'eſt point de ſi jolie.*

Non, je n'en ſuis point capable,
Ce langage me ſurprend.

ARGANTE.

Sous cet air peu reſpectable,
Je ſçais quel eſt votre rang.
Et non, non, il n'eſt point de ſi joli nom,
Que votre nom véritable,
Et non, non, il n'eſt point de ſi joli nom,
Que celui de plumoiſon.

CRISPIN.

Qu'entends-je?

ARGANTE.

Je vous parle en connoiſſance de cauſe, Monſieur le Chevalier tenez.

(Criſpin prend la lettre, & la lit bas.)

AIR. *Vous qui vous moquez par vos ris.*
Je ne puis sans un doux transport,
Et le voir & l'entendre,
Feu mon époux avoit ce port,
Ce regard doux & tendre,
Si le défunt n'étoit pas mort,
Je pourrois m'y méprendre.

CRISPIN.

Madame, je voudrois en vain vous le cacher, c'est une affaire d'honneur ; ne me perdez pas, je vous en conjure.

ARGANTE.

Vous m'offensez par cette priere ; que ne pouvez-vous lire dans mon cœur, vous y verriez que je n'ai point de plus grand plaisir au monde, que d'obliger un galant homme, & que si vous avez besoin de ma bourse pour changer votre situation....

CRISPIN.

Changer ma situation ? j'en serois au desespoir.
AIR. *Comme un coucou.*
Je préfére mon esclavage
Au destin le plus glorieux ;
Il n'est rien qui me dédommage
Du plaisir de voir vos beaux yeux.
Car, enfin, je ne puis plus garder le silence.
AIR. *J'entends le moulin tique, taque.*
Lorsque l'Amour, pour m'enchanter,
A vos yeux vînt me présenter,
Je dis en moi-même aussi-tôt,
Eh ! oui vraiment, voilà ce qu'il me faut ;
Je sentis mon cœur tique, tique, taque,
Je sentis mon cœur taqueter.

ARGANTE.

Hé bien, Chevalier, il ne tiendra qu'à vous d'être heureux ; tenez, sans tant de préambule.
AIR. *Le maître fou que voilà.*
Par un bon mariage
Unissons-nous tous deux.

CRISPIN.
Un fi charmant partage
Comblera tous mes vœux.
ARGANTE.
Moi, vous me croyez prête.

S C É N E   X V I I.

ORONTE, ARGANTE, CRISPIN, LISETTE,
CLITANDRE, UN NOTAIRE.

ORONTE, *écoutant.*

Ha, ha !
Le joli tête à tête,
Le beau duo que voilà.
ARGANTE.
Mon frere fera bien attrapé.
AIR. *Dans un amoureux myftere.*
Ah ! que je ferai ravie
De voir ce beau Contrôleur,
De dépit l'ame remplie,
Murmurer de mon bonheur,
ORONTE.
L'extravagante !
ARGANTE.
Il crévera de douleur.
ORONTE.
L'impertinente !
CRISPIN.
Allons, mon adorable, ne différons plus ; je brû-
le, j'étouffe, je meurs.
AIR. *L'avez-vous vu paffer.*
Tant d'attraits que voilà,   *bis.*
Font que mon cœur foupire,
Olire, olire,
Soulagez mon martyre.

ARGANTE.

Lire, holà !

CRISPIN.

Souffrez du moins que fur cette main blanche,
je prenne quelque lénitif.

ARGANTE.

Il me fait pitié.

CRISPIN.

Ma Reine, ma charmante.

AIR. *Quand le péril eft agréable.*

Jufqu'à ce que l'hymen nous lie,
Cela ne fe peut refufer.

ORONTE, *les furprenant, & dit en riant.*

S'il vous faut des mains à baifer,
Contentez votre envie.

Le bon petit cœur de femme que ma fœur. Mr.
je vous félicite.

ARGANTE.

Le voilà charmé, riez, riez, le grand nigaud.
Vous ne fçavez donc pas que Mr. eft Gentilhomme ?

ORONTE.

Je le fçais, ma fœur, & bien loin de vous blâ-
mer, je fuis ravi de vous voir dans la difpofition de
faire la fortune de Mr. le Chevalier. Tout ce que je
vous demande, c'eft de confentir que ma Niéce....

ARGANTE.

Puifque c'eft votre Niéce, vous en pouvez faire ce
qu'il vous plaira.

ORONTE.

J'en ferai l'époufe de Clitandre ; c'étoit mon in-
tention, & j'ai fait avertir le petit Notaire que voici.

CRISPIN, *à Madame Argante.*

Hâtez-vous de figner leur mariage, pour penfer
au nôtre.

ARGANTE.

Donnez.

CLITANDRE.

Belle Lifette, quel eft mon bonheur !

LISETTE.

LISETTE.

Ma chere Tante, que ne vous dois-je point?
AIR. *De Cap de bonne Espérance.*
Ne croyez pas que j'oublie,
De bonté ce trait charmant.

CLITANDRE.

Recevez-en je vous prie,
Mon juste remerciment,
Pour terminer au plus vîte,
L'amour veut que je vous quitte,

CRISPIN.

Le suivre est de mon devoir,
Serviteur, adieu.

LE NOTAIRE.

Bon soir.

ARGANTE.

Chevalier, Chevalier.

CRISPIN.

Madame, en vérité.... C'est trop d'honneur....
votre bonté.... mon peu de mérite.... font que
je ne puis.... je suis le votre de toute mon ame.

ARGANTE.

Le perfide, m'abandonne, ah! je suis trahie;
mais je n'en serai pas la dupe, & je me marierai à
quelque prix que ce soit. Messieurs, si quelqu'un
de vous veut épouser une petite veuve, je suis à lui,
& je vous assure qu'il trouvera mieux qu'il ne pense.
AIR. *L'Amour est un voleur.*
J'ai sous des cheveux gris
L'humeur assez jolie,
Sans trop de flatterie,
Je vaux encore mon prix,
Vive, fringante, preste,
On me trouve encore des apas,
Et zeste, zeste, zeste,
Bien de jeunes filles n'ont pas
Un si beau reste.

E

ÉPILOGUE.

ACTEURS.

JULIE.

LE CHEVALIER.

LA RANCUNE.

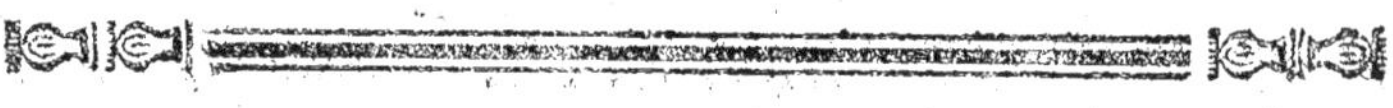

SCÈNE.

JULIE, LE CHEVALIER, LA RANCUNE.

LA RANCUNE.

Vous venez de voir nos éleves, qu'en dites-vous Madame?

JULIE.

J'en suis fort contente.

LA RANCUNE.

Et vous, Monsieur le Chevalier?

LE CHEVALIER.

Ils m'ont fait plaisir.

LA RANCUNE.

Des suffrages si glorieux, doivent les encourager.

JULIE.

Nous jugeons du maître par les écoliers.

LE CHEVALIER.

Mr. de la Rancune, je vous fais mes complimens, vous allez peupler la terre de Césars & d'Impératrices.

LA RANCUNE.

Je ne fuis pas inutile au public, comme vous voyez.

JULIE.

Où font ces petites bonnes gens ; qu'ils ne partent point fans que je les voie.

LA RANCUNE.

Ils auront l'honneur de prendre congé de la compagnie, mais ils voudroient auparavant vous donner un petit Ballet.

LE CHEVALIER.

Ah ! ah !

LA RANCUNE.

Aurez-vous la bonté de le permettre ?

LE CHEVALIER.

Ces Meffieurs ne font pas les chofes à demi, il faut voir cela, Madame.

JULIE.

Volontiers, mais il eft un peu tard.

LA RANCUNE.

Leurs danfes ne feront pas longues. Allons Meffieurs de la fimphonie.

F I N.

V A U D E V I L L E.

Par l'âge, ni par la grandeur,
Ne jugeons jamais d'un Acteur:
Ceux-ci, dont je fuis fatisfaite,
Font voir que pour être amufans,
Les petits toure lourirette,
Valent bien les grands.

LA RANCUNE.

Quand du cothurne les Héros,
Laffent la Cour par leur grands mots,
A Paris la Troupe cadette,

Reçoit des aplaudiſſemens,
Les petits , &c.

Tous les jours dans les Jardinets
On trouve les plus beaux bouquets,
Et des arbres nains la cueillette,
Donne des fruits les plus charmans,
Les petits , &c.

Ah ! que nous nous croyons heureux,
Si l'on eſt content de nos jeux,
En ſortant que chacun répéte,
Ces mots pour nous ſi raviſſans,
Les-petits , &c.

De la bravoure des ſoldats,
La taille ne décide pas,
Bien ſouvent, lorſque la trompette
Apelle au feu les combattans,
Les petits, &c.

CRISPIN.

Que mon deſtin ſeroit charmant,
Si le Spectateur en ſortant,
Diſoit d'une voix ſatisfaite,
Criſpin me plaît, il eſt brillant,
Ce petit toure lourirette ,
En vaut bien un grand.

FIN.

9 782019 996239